LE CORDON BLEU

RECETTES DE GRANDS CHEFS

PAINS ET BRIOCHES

sommaire

4 *Pain blanc*

7 *Baguette*

8 *Ciabatta*

11 *Focaccia*

12 *Pain aux céréales*

1 *Petits pains au lait*

16 *Grissini*

19 *Pain aux noisettes*

20 *Pain express/Pain de maïs*

23 *Petits pains au potiron et à la cardamome*

24 *Pains briochés en rosette*

27 *Pain de seigle*

28 *Pains au sésame*

31 *Pain de campagne*

32 *Rôti à la noix de coco*

3 *Pain au levain*

36 *Bagels*

39 *Bretzels*

40 *Pain irlandais/Petits pains aux herbes*

43 *Challah*

44 *Pain à la pomme de terre*

47 *Pain à la bière/Pain aux lardons*

48 *Fougasse*

1 *Pain à la banane*

2 *Pain d'épices*

Pain au safran

6 *Stollen*

9 *Hot cross buns*

60 *Panettone*

62 *Techniques du chef*

facile — demande un peu d'attention — difficile

Pain blanc

Rien n'est plus agréable que d'accueillir ses invités par une bonne odeur du pain sorti du four, d'autant que le pétrissage de la pâte constitue une activité extrêmement relaxante. Commencez par cette recette simple.

Préparation ***20 minutes + fermentation (4 heures 30 minutes environ)***
Cuisson ***40 minutes***
Pour 1 miche de 750 g

30 g de levure de boulanger fraîche ou 1 cuil. à soupe de levure déshydratée
1 cuil. à soupe de sucre en poudre
500 g de farine panifiable blanche
1 cuil. à café de sel fin
30 g de beurre, ramolli
Lait, pour le glaçage

1 Mélanger la levure avec 300 ml d'eau et le sucre (voir *Techniques du chef*, page 62) et laisser fermenter.

2 Tamiser la farine et le sel dans une grande jatte et creuser un puits au centre. Verser la levure diluée et le beurre dans le puits et mélanger les ingredients du bout des doigts (ou utiliser le batteur électrique réglé sur vitesse réduite). Poser la pâte sur un plan de travail légèrement fariné et la pétrir 10 minutes pour obtenir une boule souple et élastique (voir *Techniques du chef*, page 62). Pétrir pendant environ 5 minutes au batteur électrique réglé sur vitesse modérée.

3 Mettre la boule de pâte dans une jatte propre, légèrement huilée, en la faisant tourner pour graisser toute la surface. Couvrir d'un torchon humide et laisser fermenter jusqu'à ce que la boule double de volume. Le temps de fermentation varie en fonction de la température ambiante.

4 Poser la pâte sur le plan de travail fariné et la fraiser délicatement pendant 2 à 3 minutes pour l'assouplir. Abaisser en rectangle de 25 cm x 45 cm. Rouler le rectangle en serrant de manière à façonner un boudin de pâte assez ferme (voir *Techniques du chef*, page 63).

5 Poser le pain sur la tôle de cuisson beurrée, soudure dessous. Avec un petit couteau très aiguisé, dessiner des croisillons sur le dessus de la miche (voir *Techniques du chef*, page 63). Couvrir d'un torchon humide et laisser fermenter à nouveau jusqu'à ce que le pain double de volume. Un peu avant la fin du temps de fermentation, préchauffer le four à 210 °C (thermostat 6 à 7).

6 Badigeonner le pain de lait et mettre à dorer 35 à 40 minutes au four. La miche est cuite si elle rend un son creux lorsqu'on frappe le dessous. Laisser refroidir sur une grille.

Conseil du chef Pour confectionner des petits pains, diviser la pâte en 16 parts. Rouler chaque part sous la paume de la main afin de former des boules lisses. Faire dorer 15 à 20 minutes à four chaud.

sambonet

Baguette

Pour confectionner ses baguettes, le boulanger utilise une farine spéciale, mais il suffit de mélanger farine panifiable et farine ordinaire pour concocter une excellente version de ce grand classique.

Préparation ***45 minutes + fermentation (3 heures 30 minutes environ)***
Cuisson ***25 minutes***
Pour 4 baguettes de 350 g

30 g de levure de boulanger fraîche ou 1 cuil. à soupe de levure déshydratée
650 g de farine panifiable blanche
350 g de farine de blé ordinaire
10 g de sel fin

1 Préparer la levure avec 600 ml d'eau et le sucre (voir *Techniques du chef*, page 62) et laisser fermenter.

2 Tamiser les farines et le sel dans une grande jatte et creuser un puits au centre. Ajouter la levure diluée et mélanger les ingrédients du bout des doigts (ou utiliser le batteur électrique réglé sur vitesse réduite). Poser la pâte sur le plan de travail légèrement fariné et la pétrir 10 minutes pour obtenir une boule souple et élastique (voir *Techniques du chef*, page 62). Au batteur électrique, réglé sur vitesse modérée, pétrir 5 minutes.

3 Mettre la pâte dans une jatte propre, légèrement huilée, en la faisant tourner pour graisser toute sa surface. Couvrir d'un torchon humide et laisser fermenter jusqu'à ce que la boule double de volume (le temps de fermentation varie selon la température ambiante).

4 Poser la pâte sur le plan de travail fariné et la fraiser délicatement pendant 2 à 3 minutes pour l'assouplir. Diviser la pâte en quatre parts égales et façonner chaque part en rectangle de 30 cm de longueur. Rouler chaque rectangle en boudin serré.

5 Poser les baguettes sur la tôle de cuisson farinée en les espaçant suffisamment. Vaporiser les pains d'un nuage d'eau et saupoudrer de farine. Avec un couteau très aiguisé, dessiner cinq entailles en diagonale sur le dessus de chaque baguette en incisant sur 5 mm de profondeur (voir *Techniques du chef*, page 63). Couvrir d'un torchon humide et laisser fermenter jusqu'à ce que la pâte double de volume. Un peu avant la fin du temps de fermentation, préchauffer le four à 220 °C (thermostat 7).

6 Faire dorer les baguettes 20 à 25 minutes au four (elles doivent rendre un son creux lorsqu'on frappe le dessous). Laisser refroidir sur une grille.

Ciabatta

En Italie, le mot ciabatta *(« savate » en français) désigne un pain plat. L'huile d'olive lui confère une texture particulière.*

Préparation ***30 minutes + fermentation (4 à 5 heures environ)***
Cuisson ***40 minutes***
Pour 2 miches de 650 g

30 g de levure de boulanger fraîche ou 1 cuil. à soupe de levure déshydratée
680 g de farine panifiable blanche
140 ml d'huile d'olive vierge extra
3 cuil. à café de sel fin

1 Préparer la levure avec 440 ml d'eau (voir *Techniques du chef*, page 62).

2 Tamiser la moitié de la farine dans une grande jatte et creuser un puits au centre. Verser la levure diluée et l'huile d'olive dans le puits, et mélanger les ingrédients, doigts écartés, en ramenant la farine vers le centre. Malaxer pour bien amalgamer le tout. Pétrir la pâte à la main pendant 5 minutes pour la rendre plus élastique. Nettoyer les parois de la jatte à l'aide d'une spatule, couvrir d'un torchon humide et laisser fermenter à température ambiante jusqu'à ce que la pâte double de volume (le temps de fermentation varie en fonction de la température ambiante).

3 Ajouter le reste de la farine et le sel puis travailler énergiquement à la cuillère en bois. Racler les parois de la jatte, couvrir d'un torchon humide et laisser doubler de volume une deuxième fois.

4 Diviser la pâte en deux (elle doit être très molle) en la manipulant avec délicatesse pour qu'elle conserve sa texture aérée caractéristique.

5 Poser les ciabatte sur deux tôles de cuisson beurrées et farinées. Mains mouillées, façonner chaque moitié de pâte en rectangle grossier de 2,5 cm d'épaisseur environ. Vaporiser d'un nuage d'eau et saupoudrer généreusement de farine. Couvrir d'un torchon humide et laisser doubler de volume. Un peu avant la fin du temps de fermentation, préchauffer le four à 230 °C (thermostat 8).

6 Mettre les pains à dorer 35 à 40 minutes au four. Si elles sont cuites, les ciabatte doivent rendre un son creux lorsqu'on frappe le dessous. Laisser refroidir sur une grille et patienter une vingtaine de minutes avant de déguster.

Conseil du chef Pour aromatiser la ciabatta, incorporer 200 g d'olives dénoyautées et concassées dans la pâte à l'étape 3.
Ou bien ajouter la même quantité de tomates séchées et hachées, ou deux gros oignons émincés et fondus dans un peu de beurre.

Focaccia

La fougasse italienne est généralement garnie de savoureux ingrédients. Ici, on a opté pour le gros sel, les herbes de Provence et les olives. Accompagnez-la d'une petite salade de tomates et de parmesan.

Préparation ***35 minutes + fermentation (3 heures environ)***
Cuisson ***20 minutes***
Pour 2 fougasses de 800 g

30 g de levure de boulanger fraîche ou 1 cuil. à soupe de levure déshydratée
900 g de farine panifiable blanche
1 cuil. à café de sel fin
Feuilles de 4 brins de romarin frais, hachées
6 gousses d'ail, écrasées
5 œufs entiers, battus
150 ml d'huile d'olive
125 g d'olives noires épicées, dénoyautées
2 cuil. à soupe d'herbes de Provence fraîches, hachées
2 cuil. à café de gros sel

1 Préparer la levure avec 300 ml d'eau (voir *Techniques du chef*, page 62) et laisser fermenter.

2 Tamiser la farine et le sel dans une jatte. Incorporer le romarin et l'ail et creuser un puits au centre. Ajouter la levure diluée, les œufs battus et la moitié de l'huile. Malaxer à la main, doigts écartés, en ramenant peu à peu la farine vers le centre et les ingrédients liquides jusqu'à obtention d'une pâte grossière. Poser la pâte sur le plan de travail légèrement fariné et la pétrir 10 minutes pour obtenir une boule souple et élastique (voir *Techniques du chef*, page 62).

3 Mettre la boule de pâte dans une jatte propre, légèrement huilée, en la faisant tourner pour graisser toute sa surface. Couvrir d'un torchon humide et laisser fermenter jusqu'à ce que la boule double de volume (le temps de fermentation varie en fonction de la température ambiante).

4 Poser la pâte sur le plan de travail fariné et la fraiser délicatement pendant 2 à 3 minutes pour l'assouplir. Diviser la pâte en deux et abaisser chaque moitié pour garnir un moule bas de 20 cm x 25 cm. Couvrir d'un torchon humide et laisser doubler de volume. Un peu avant la fin du temps de fermentation, préchauffer le four à 230 °C (thermostat 8).

5 Enfoncer les olives dans la pâte levée à intervalles réguliers. Badigeonner généreusement la surface des fougasses d'une partie du reste de l'huile d'olive. Mélanger les herbes et le gros sel et en saupoudrer les fougasses.

6 Mettre à dorer 20 minutes au four. À la sortie du four, badigeonner les focaccie de l'huile d'olive restante. Déguster sans attendre.

Pain aux céréales

On trouve de la farine enrichie en céréales entières dans les boutiques de diététique et certains supermarchés. Ici, son petit goût de noisette se combine avec la douceur du malt pour donner une miche à la saveur irrésistible.

Préparation ***25 minutes + fermentation (2 heures 30 minutes environ)***
Cuisson ***35 minutes***
Pour 1 miche de 1 kg

40 g de levure de boulanger fraîche ou 1 cuil. à soupe 1/4 de levure déshydratée
500 g de farine pour pain aux céréales
1 cuil. à café de sel
1 cuil. à café de sucre
30 g de beurre
2 cuil. à café de malt liquide
1 œuf entier battu, pour le glaçage

1 Préparer la levure avec 300 ml d'eau (voir *Techniques du chef*, page 62) et laisser fermenter.
2 Mettre la farine, le sel et le sucre dans une jatte. Mélanger, puis creuser un puits au centre. Faire fondre le beurre dans une petite casserole à feu très doux, ajouter le malt liquide et remuer pour lisser le tout. Verser ce mélange dans le puits avec la levure diluée et, doigts écartés, ramener peu à peu la farine vers le centre. Malaxer soigneusement jusqu'à obtention d'une pâte souple. Poser la pâte sur le plan de travail légèrement fariné et la pétrir 10 minutes pour obtenir une boule souple et élastique (voir *Techniques du chef*, page 62).
3 Mettre la boule de pâte dans une jatte propre, légèrement huilée, en la faisant tourner pour graisser toute sa surface. Couvrir d'un torchon humide et laisser fermenter jusqu'à ce que la pâte double de volume (le temps de fermentation varie en fonction de la température ambiante).
4 Beurrer et fariner un moule à cake de 20 cm x 9 cm x 9 cm et secouer pour éliminer l'excédent de farine. Mettre la pâte sur le plan de travail légèrement fariné et la fraiser 1 minute. À la main, façonner un carré légèrement plus long que le moule et mouiller légèrement avec de l'eau. Rouler le carré en serrant bien de manière à former une sorte de bûche ferme (voir *Techniques du chef*, page 63). Glisser le pain dans le moule, soudure dessous, couvrir d'un torchon humide et laisser doubler de volume. Préchauffer le four à 230 °C (thermostat 8) un peu avant la fin du temps de fermentation.
5 Badigeonner le pain de l'œuf battu et, avec un couteau très aiguisé, fendre la croûte sur toute sa longueur (voir *Techniques du chef*, page 63). Mettre à dorer 30 à 35 minutes au four. S'il est cuit, le pain doit rendre un son creux lorsqu'on frappe le dessous. Démouler et laisser refroidir sur une grille.

Conseil du chef On trouve du malt liquide dans les magasins de diététique ; il a la même consistance que le miel.

Bread Knife
SHEFFIELD ENGLAND

Petits pains au lait

Souvenirs des goûters de l'enfance, ces petits pains délicats se composent d'une pâte enrichie au lait qui leur donnent une mie bien moelleuse et une croûte fine et dorée.

Préparation ***40 minutes + fermentation (3 à 4 heures environ)***
Cuisson ***15 minutes***
Pour 16 petits pains

30 g de levure de boulanger fraîche ou 1 cuil. à soupe de levure déshydratée
1 cuil. à soupe de sucre en poudre
500 g de farine panifiable blanche
1 cuil. à café de sel
30 g de lait en poudre
30 g de beurre, ramolli
Lait, pour le glaçage
3 cuil. à soupe de sucre cristallisé, pour décorer (facultatif)

1 Préparer la levure avec 300 ml d'eau et le sucre (voir *Techniques du chef*, page 62) et laisser fermenter.

2 Tamiser la farine, le sel et le lait dans une grande jatte et creuser un puits au centre. Ajouter la levure diluée et le beurre dans le puits, et mélanger les ingrédients du bout des doigts (ou utiliser le batteur électrique réglé sur vitesse réduite). Poser la pâte sur le plan de travail légèrement fariné et la pétrir 10 minutes pour obtenir une boule souple et élastique (voir *Techniques du chef*, page 62). Au batteur électrique, réglé la vitesse sur modérée, pétrir pendant environ 5 minutes.

3 Mettre la boule de pâte dans une jatte propre, légèrement huilée, en la faisant tourner pour graisser toute sa surface. Couvrir d'un torchon humide et laisser fermenter jusqu'à ce que la pâte double de volume (le temps de fermentation varie en fonction de la température ambiante).

4 Poser la pâte sur le plan de travail fariné et la fraiser délicatement pendant 2 à 3 minutes pour l'assouplir. Diviser en 16 parts. Rouler chaque part sous la paume de la main de manière à façonner 16 boules bien lisses. Aplatir légèrement les boules en leur donnant la forme ovale caractéristique.

5 Poser les pains sur deux tôles de cuisson beurrées, sans serrer. Couvrir d'un torchon humide et laisser doubler de volume. Un peu avant la fin du temps de fermentation, préchauffer le four à 210 °C (thermostat 6 à 7).

6 Badigeonner de lait les petits pains levés et, avec des ciseaux, cranter la surface sur toute la longueur en incisant jusqu'à 1 cm de profondeur environ (voir page 63, *Techniques du chef*). Saupoudrer de sucre cristallisé (facultatif) et mettre à dorer 10 à 12 minutes au four. S'ils sont cuits, les pains doivent rendre un son creux lorsqu'on frappe le dessous. Laisser refroidir sur une grille.

Grissini

Fins, croquants, les grissini italiens sont très amusants à confectionner. La seule difficulté réside dans le geste que l'on doit exécuter pour rouler la pâte afin de l'allonger rapidement de manière régulière.

Préparation ***55 minutes + fermentation (2 heures 45 minutes environ)***
Cuisson ***15 minutes***
Pour 45 grissini

15 g de levure de boulanger fraîche ou 2 cuil. à café de levure déshydratée
450 g de farine panifiable blanche ou complète
2 cuil. à soupe de gros sel de mer
2 cuil. à soupe d'huile d'olive
1 œuf battu, pour le glaçage
2 cuil. à soupe de graines de pavot (facultatif)
Lait, pour le glaçage

1 Préparer la levure avec 125 ml d'eau en suivant les indications de la page 62 (voir *Techniques du chef*).
2 Tamiser la farine et le sel dans une grande jatte et creuser un puits au centre. Ajouter la levure diluée et malaxer en suivant les *Techniques du chef*, page 63. En fin de fermentation, incorporer 125 ml d'eau tiède et l'huile et travailler jusqu'à obtention d'une pâte souple. Poser la pâte sur le plan de travail légèrement fariné et la pétrir 10 minutes pour obtenir une boule souple et élastique (voir *Techniques du chef*, page 62). Au batteur électrique, réglé sur vitesse sur modérée, pétrir pendant environ 5 minutes.
3 Mettre la boule de pâte dans une jatte propre, légèrement huilée, en la faisant tourner pour graisser toute sa surface. Couvrir d'un torchon humide et laisser fermenter jusqu'à ce que la boule double de volume (le temps de fermentation varie en fonction de la température ambiante). Préchauffer le four à 230 °C (thermostat 8).
4 Sur le plan de travail, fraiser la pâte 2 à 3 minutes pour l'assouplir (pour plus de facilité, éviter de fariner le plan de travail; si la pâte colle, mouiller légèrement avec de l'eau). Abaisser la pâte en rectangle fin de 40 cm x 20 cm. Couper le rectangle en deux dans le sens de la longueur, puis en bandes de 1 cm de largeur. Rouler chaque bande sous la paume de la main pour former de fins boudins réguliers de 25 cm de long. Poser les grissini sur deux tôles de cuisson beurrées.
5 Badigeonner les grissini du lait et saupoudrer la moitié des grissini de graines de pavot. Mettre à dorer 10 à 15 minutes au four en retournant les grissini à mi-cuisson. Laisser refroidir sur une grille. Dans une boîte hermétiquement fermée, les grissini se conservent une semaine.

Conseil du chef Les grissini accompagnent à merveille jambon cru, fromage, vin et bière.

Pain aux noisettes

Ce pain à la mie blanche peut se déguster en tranches grillées. Avec un bon beurre fermier et de la confiture maison, il donnera au petit-déjeuner dominical un air de fête.

Préparation ***10 minutes + fermentation (3 heures 30 minutes environ)***
Cuisson ***50 minutes***
Pour 1 miche de 850 g

30 g de levure de boulanger fraîche ou 1 cuil. à soupe de levure déshydratée
1/2 cuil. à café de sucre
500 g de farine panifiable blanche
15 g de lait en poudre
1/2 cuil. à café de sel fin
150 g de noisettes émondées, grossièrement hachées
Lait, pour le glaçage

1 Préparer la levure avec 300 ml d'eau et le sucre (voir *Techniques du chef*, page 62) et laisser fermenter.

2 Tamiser la farine, le lait en poudre et le sel dans une grande jatte et creuser un puits au centre. Ajouter la levure diluée et mélanger les ingrédients du bout des doigts (ou utiliser le batteur électrique muni du couteau spécial et réglé sur vitesse réduite). Poser la pâte sur le plan de travail légèrement fariné et la pétrir 10 minutes pour obtenir une boule souple et élastique (voir *Techniques du chef*, page 62). Au batteur électrique, réglé sur vitesse modérée, pétrir pendant environ 5 minutes.

3 Mettre la boule de pâte dans une jatte propre, légèrement huilée, en la faisant tourner pour graisser toute sa surface. Couvrir d'un torchon humide et laisser fermenter jusqu'à ce que la boule double de volume (le temps de fermentation varie en fonction de la température ambiante).

4 Poser la pâte sur le plan de travail fariné et la fraiser délicatement pendant 2 à 3 minutes pour l'assouplir. Ajouter les noisettes en pétrissant à nouveau pour bien répartir les morceaux. Prélever le tiers de la pâte et façonner une boule souple et lisse. Procéder de même avec le reste de la pâte. Beurrer la tôle de cuisson et poser la grosse boule dessus en l'aplatissant légèrement. Humidifier la surface de la grosse boule et poser la petite par-dessus. Avec le manche d'une cuillère en bois, pratiquer un trou au centre des deux boules en aplatissant très légèrement la miche. Couvrir d'un torchon humide et laisser doubler de volume à température ambiante. Un peu avant la fin du temps de fermentation, préchauffer le four à 210 °C (thermostat 6 à 7).

5 Badigeonner de lait le pain levé et mettre à dorer 45 à 50 minutes au four. S'il est cuit, le pain doit rendre un son creux lorsqu'on frappe le dessous. Laisser refroidir sur une grille.

Pain express

Ce pain traditionnel australien ne demande que peu de préparation, car il est à base de farine enrichie en agents levants.

Préparation ***15 minutes***
Cuisson ***45 minutes***
Pour 1 miche de 800 g

375 g de farine à levure incorporée
150 g de farine de blé complet
1 cuil. à café de sel
30 g de beurre, fondu
410 ml de lait
Lait, pour le glaçage

1 Préchauffer le four à 210 °C (thermostat 6 à 7). Tamiser la farine et le sel dans une grande jatte et creuser un puits au centre.
2 Mélanger le beurre fondu et le lait. Verser les trois quarts de ce mélange dans le puits. Amalgamer rapidement les ingrédients en travaillant la préparation au couteau à bout rond. Si nécessaire, ajouter le reste du mélange lait-beurre pour obtenir une pâte homogène mais qui ne colle pas aux parois de la jatte.
3 Poser la pâte sur le plan de travail légèrement fariné et la pétrir 1 minute pour former une boule souple.
4 Poser la boule sur la tôle de cuisson beurrée en l'aplatissant légèrement. Avec un couteau très aiguisé, inciser une croix sur le dessus du pain en entaillant à 2 cm de profondeur (voir *Techniques du chef*, page 63).
5 Badigeonner le pain de lait et saupoudrer de farine complète. Mettre à cuire 15 minutes à four chaud, baisser la température à 180 °C (thermostat 4) et faire dorer encore 25 à 30 minutes. Le pain doit rendre un son creux lorsqu'on frappe le dessous. Laisser refroidir sur une grille. Déguster le jour même, avec une noix de beurre.

Pain de maïs

Dans cette recette, la semoule de maïs remplace une partie de la farine pour donner un pain plus compact, légèrement granuleux, mais très savoureux.

Préparation ***10 minutes***
Cuisson ***20 minutes***
Pour 1 pain de 300 g

2 œufs entiers, battus
250 ml de babeurre (ou de yaourt)
60 g de beurre, fondu
180 g de semoule de maïs fine (polenta)
30 g de sucre en poudre
60 g de farine à levure incorporée
1/4 de cuil. à café de bicarbonate de soude
1 cuil. à café de sel fin
2 cuil. à café de graines de nigelle ou de carvi (facultatif)

1 Préchauffer le four à 190 °C (thermostat 5). Beurrer un moule carré de 20 cm de côté, saupoudrer de farine et secouer pour éliminer l'excédent.
2 Mélanger les œufs, le babeurre (ou le yaourt) et le beurre fondu dans une jatte. Dans une autre jatte, mélanger la semoule de maïs, le sucre, la farine, le bicarbonate de soude, le sel et éventuellement les graines de nigelle ou de carvi. Verser la préparation à base de babeurre dans la jatte contenant les autres ingrédients et battre à la cuillère en bois pour lisser et homogénéiser le tout. Verser la pâte dans le moule beurré.
3 Mettre à dorer 15 à 20 minutes (lorsqu'on enfonce une pique à brochette au cœur du pain, elle doit ressortir propre). Laisser tiédir 10 minutes avant de démouler. Servir tiède avec du beurre fermier.

Conseil du chef On peut faire cuire la pâte dans une dizaine de petits moules à barquette ou dans des moules à madeleine bien graissés. Faire dorer 10 à 15 minutes.

Pain express (en haut) et Pain de maïs

Petits pains au potiron et à la cardamome

Ces tresses à la belle couleur orangée renferment des graines de potiron croquantes. Elles dont délicieuses avec du beurre frais et du miel, mais elles accompagnent également à merveille les soupes de légumes d'hiver.

Préparation ***25 minutes + fermentation (2 heures environ)***
Cuisson ***15 minutes***
Pour 12 pains de 60 g

30 g de levure de boulanger fraîche ou 1 cuil. à soupe de levure déshydratée
500 g de farine panifiable blanche
15 g de lait en poudre
1 cuil. à café de sel fin
2 cuil. à café de cardamome moulue
15 g de mélasse (ou de miel)
30 g de beurre, ramolli
180 g de purée de potiron frais (voir Conseil du chef)
60 g de graines de potiron
Jaune d'œuf battu, pour le glaçage

1 Préparer la levure avec 250 ml d'eau (voir *Techniques du chef*, page 62) et laisser fermenter.
2 Tamiser la farine, le lait en poudre, le sel et la cardamome moulue dans une grande jatte et creuser un puits au centre. Y verser la mélasse et la levure diluée avec le beurre et la purée de potiron. Mélanger les ingrédients du bout des doigts (ou utiliser le batteur électrique réglé sur vitesse réduite). Si la la pâte est trop humide, ajouter un peu de farine pour obtenir une pâte assez souple. Poser la pâte sur le plan de travail légèrement fariné et la pétrir 10 minutes pour obtenir une boule souple et élastique (voir *Techniques du chef*, page 62). Au batteur électrique, réglé sur vitesse modérée, pétrir pendant environ 5 minutes.
3 Mettre la boule de pâte dans une jatte propre, légèrement huilée, en la faisant tourner pour graisser toute sa surface. Couvrir d'un torchon humide et laisser fermenter jusqu'à ce que la boule double de volume (le temps de fermentation varie en fonction de la température ambiante).
4 Poser la pâte sur le plan de travail fariné, ajouter les graines de potiron et fraiser délicatement pendant 3 à 4 minutes pour assouplir la pâte et bien répartir les graines sans les briser. Diviser en 12 parts égales. En travaillant avec la paume de la main, rouler chaque part en boudin de 20 cm de long sur le plan de travail légèrement fariné et faire un nœud en rentrant les extrémités de pâte dessous. Disposer les torsades ainsi obtenues sur la tôle de cuisson beurrée. Couvrir d'un torchon humide et laisser fermenter jusqu'à ce que la pâte double à nouveau de volume. Un peu avant la fin du temps de fermentation, préchauffer le four à 220 °C (thermostat 7).
6 Battre le jaune d'œuf battu avec 1 cuillerée à soupe d'eau, 1 pincée de sel et 1 de sucre et en badigeonner les torsades. Les faire dorer 10 à 15 minutes au four (elles doivent rendre un son creux quand on frappe le dessous). Laisser refroidir sur une grille.

Conseil du chef Pour préparer la purée de potiron frais : peler et découper en cubes 200 g de chair de potiron et la faire ramollir à la vapeur. Réduire en purée lisse au presse-purée ou mixeur.

Pains briochés en rosette

Délicieux et croustillants, ces petits pains briochés adoptent ici une forme originale de fleur. Ils se prêtent parfaitement à la confection des sandwiches.

Préparation ***25 minutes + fermentation (3 heures 30 environ)***
Cuisson ***15 minutes***
Pour 12 pains de 75 g

20 g de levure de boulanger fraîche ou 3 cuil. à café de levure déshydratée
30 g de sucre en poudre
600 g de farine panifiable blanche
1/2 cuil. à café de sel fin
60 g de beurre, ramolli
60 ml d'huile d'olive
Lait, pour le glaçage

1 Préparer la levure avec 300 ml d'eau et le sucre (voir *Techniques du chef*, page 62) et laisser fermenter.

2 Tamiser la farine et le sel dans une grande jatte et creuser un puits au centre. Ajouter la levure diluée, le beurre et l'huile dans le puits, et travailler les ingrédients du bout des doigts (ou utiliser le batteur électrique réglé sur vitesse réduite). Poser la pâte sur le plan de travail légèrement fariné et la pétrir 10 minutes pour obtenir une boule souple et élastique (voir *Techniques du chef*, page 62). Au batteur électrique, réglé sur vitesse modérée, pétrir pendant environ 5 minutes.

3 Mettre la boule de pâte dans une jatte propre, légèrement huilée, en la faisant tourner pour graisser toute sa surface. Couvrir d'un torchon humide et laisser fermenter jusqu'à ce que la pâte double de volume (le temps de fermentation varie en fonction de la température ambiante).

4 Poser la pâte sur le plan de travail fariné et la fraiser pendant 2 à 3 minutes pour l'assouplir. Diviser la pâte en 12 parts égales et rouler chaque part pour façonner une petite boule légèrement aplatie. Aux ciseaux, couper cinq crans de 1 cm de profondeur sur tout le tour de chaque boule pour lui donner sa forme caractéristique. Poser les petits pains sur la tôle de cuisson beurrée en les espaçant bien. Avec un emporte-pièce circulaire de 3 cm de diamètre, marquer le dessus de chaque pain d'un cercle qui figurera le cœur tout en permettant aux « pétales » de s'ouvrir. Couvrir d'un torchon humide et laisser doubler de volume. Un peu avant la fin du temps de fermentation, préchauffer le four à 210 °C (thermostat 6 à 7).

5 Badigeonner les petits pains du lait et mettre à dorer 10 à 15 minutes au four (ils doivent rendre un son creux quand on les frappe dessous). Laisser refroidir sur une grille.

Pain de seigle

Le seigle est surtout cultivé dans les régions froides du nord et de l'est de l'Europe où on l'utilise pour confectionner un pain compact, légèrement amer et au goût un peu acide.

Préparation ***30 minutes + fermentation (4 heures environ)***
Cuisson ***20 minutes***
Pour 2 miches de 410 g

30 g de levure de boulanger fraîche ou 1 cuil. à soupe de levure déshydratée
1 cuil. à café de sucre en poudre
300 g de farine panifiable blanche
250 g de farine de seigle
1 cuil. à café de sel fin
15 g de lait en poudre
15 g de beurre, ramolli

1 Préparer la levure avec 300 ml d'eau et le sucre (voir *Techniques du chef*, page 62) et laisser fermenter.

2 Tamiser les farines et le sel dans une grande jatte. Incorporer le lait en poudre et creuser un puits au centre. Ajouter le beurre et la levure diluée et travailler les ingrédients du bout des doigts (ou utiliser le batteur électrique réglé sur vitesse réduite). Poser la pâte sur le plan de travail légèrement fariné et la pétrir 10 minutes pour obtenir une boule souple et élastique (voir *Techniques du chef*, page 62). Au batteur électrique, réglé sur vitesse modérée, pétrir pendant environ 5 minutes.

3 Mettre la boule de pâte dans une jatte propre, légèrement huilée, en la faisant tourner pour graisser toute sa surface. Couvrir d'un torchon humide et laisser fermenter jusqu'à ce que la pâte double de volume (le temps de fermentation varie en fonction de la température ambiante).

4 Sur le plan de travail fariné, diviser la pâte en deux et la fraiser 2 à 3 minutes pour l'assouplir. Fariner deux tôles de cuisson. Façonner chaque moitié de pâte en miche ronde et poser les miches sur les tôles. Avec un couteau très aiguisé, dessiner des croisillons à la surface des miches (voir *Techniques du chef*, page 63). Mouiller légèrement avec de l'eau et saupoudrer de farine. Couvrir d'un torchon humide et laisser fermenter à nouveau jusqu'à ce que les miches doublent de volume. Un peu avant la fin de la fermentation, préchauffer le four à 200 °C (thermostat 6). Glisser un récipient métallique rempli d'eau dans le bas du four: la vapeur qui se dégagera facilitera l'apparition de la croûte.

5 Mettre les pains levés à cuire 20 minutes au four. Ils doivent rendre un son creux quand on les frappe. Laisser refroidir sur une grille.

Pains au sésame

Ces petits pains en forme de feuille de trèfle sont garnis de flocons de blé germé, de graines de tournesol, de millet, de sésame et de pavot qui leur donnent un délicieux goût.

Préparation ***25 minutes + fermentation (3 heures environ)***
Cuisson ***20 minutes***
Pour 12 pains de 100 g

30 g de levure de boulanger fraîche ou 1 cuil. à soupe de levure déshydratée
1 cuil. à café de sucre
600 g de farine panifiable blanche
2 cuil. à café de sel fin
20 g de lait en poudre
50 g de flocons de blé maltés
20 g de graines de tournesol
30 g de graines de millet
30 g de graines de sésame
15 g de graines de pavot
Graines de pavot et de sésame, pour décorer

1 Préparer la levure avec 470 ml d'eau et le sucre (voir *Techniques du chef*, page 62) et laisser fermenter.

2 Tamiser la farine et le sel dans une grande jatte. Incorporer le lait en poudre, les flocons de blé, les graines de tournesol, de millet, de sésame et de pavot. Creuser un puits au centre et ajouter la levure diluée. Doigts écartés, ramener la farine vers le centre pour former une pâte molle. À la cuillère en bois, travailler la pâte pendant 3 à 4 minutes. Ne pas ajouter de farine, même si la pâte paraît collante, car les flocons de blé et les graines absorberont l'humidité au cours de la fermentation et de la cuisson.

3 Mettre la boule de pâte dans une jatte propre, légèrement huilée, en la faisant tourner pour graisser toute sa surface. Couvrir d'un torchon humide et laisser fermenter jusqu'à ce que la boule double de volume (le temps de fermentation varie en fonction de la température ambiante).

4 Poser la pâte sur le plan de travail fariné et la fraiser 10 minutes pour former une boule souple et élastique (voir *Techniques du chef*, page 62). Beurrer et fariner deux plaques à muffins à six creux. Diviser la pâte en 36 parts et rouler les parts en boulettes en travaillant avec la paume de la main. Garnir chaque creux de trois boulettes. Couvrir d'un torchon humide et laisser fermenter jusqu'à ce que les pains doublent encore de volume. Un peu avant la fin du temps de fermentation, préchauffer le four à 200 °C (thermostat 6).

5 Mouiller légèrement les pains avec de l'eau, parsemer de graines de pavot et de sésame et mettre à dorer 15 à 20 minutes. Dès la sortie du four, couvrir d'un torchon propre et sec pour laisser refroidir à couvert (cette précaution permet aux petits pains de refroidir lentement afin d'adopter une croûte et une mie plus moelleuses).

Pain de campagne

Avec son bon goût de miel, de céréales et de farines naturelles, ce pain est le compagnon idéal des piques-niques, des buffets et des petits casse-croûte du matin.

Préparation ***20 minutes + fermentation (3 heures environ)***
Cuisson ***45 minutes***
Pour 2 miches de 600 g

30 g de riz complet
30 g de levure de boulanger fraîche ou 1 cuil. à soupe de levure déshydratée
1 cuil. à soupe de miel
310 ml de babeurre (ou de yaourt nature)
2 cuil. à soupe d'huile d'olive vierge extra
1 cuil. à soupe de sel fin
75 g de semoule de maïs (polenta)
60 g de flocons d'avoine
250 g de farine de blé complet
3 cuil. à soupe de son de blé
500 g de farine panifiable blanche

1 Faire cuire le riz ; égoutter et laisser refroidir.
2 Préparer la levure avec 250 ml d'eau (voir *Techniques du chef*, page 62) et laisser fermenter. Incorporer le miel.
3 Mettre le babeurre, l'huile d'olive, le sel, le riz, la semoule de maïs, les flocons d'avoine, la farine complète et le son dans une grande jatte avec 125 g de farine blanche. Battre à la cuillère en bois ou au batteur électrique pour bien mélanger. Incorporer la levure diluée et battre encore 1 minute. Ajouter le reste de la farine blanche en quatre fois en travaillant vigoureusement la préparation entre deux apports pour obtenir une pâte souple. Poser la pâte sur le plan de travail fariné et la pétrir 10 minutes pour obtenir une boule souple et élastique, même si elle reste légèrement collante (voir *Techniques du chef*, page 62).
4 Mettre la boule de pâte dans une jatte propre, légèrement huilée, en la faisant tourner pour graisser toute sa surface. Couvrir d'un torchon humide et laisser fermenter jusqu'à ce que la boule double de volume (le temps de fermentation varie en fonction de la température ambiante).
5 Poser la pâte sur le plan de travail légèrement fariné et la diviser en deux. Fraiser chaque moitié 2 à 3 minutes pour les assouplir. Façonner deux miches rondes et, avec un couteau aiguisé, dessiner des croisillons sur le dessus (voir *Techniques du chef*, page 63). Saupoudrer de farine (facultatif). Poser les pains sur une tôle de cuisson beurrée en les écartant bien l'un de l'autre. Couvrir d'un torchon humide et laisser doubler de volume. Un peu avant la fin du temps de fermentation, préchauffer le four à 190 °C (thermostat 5).
6 Faire cuire au four 40 à 45 minutes jusqu'à ce que la croûte soit dorée et croustillante. Laisser refroidir sur une grille.

Toasts à la noix de coco

Au Sri Lanka, on abaisse cet insolite pain plat sur des feuilles de bananier qui lui confèrent un petit goût inimitable. Il se déguste sucré ou salé, au choix.

Préparation ***55 minutes + 30 minutes de pause***
Cuisson ***30 minutes***
Pour 12 toasts de 20 cm de diamètre

250 g de farine de riz fine
250 g de farinée à levure incorporée
90 g de noix de coco déshydratée
2 cuil. à café de sel fin
1/2 cuil. à café de piment en poudre
30 g de beurre, fondu
30 g d'oignons nouveaux, finement hachés
2 cuil. à soupe de feuilles de coriandre fraîches, finement hachées
1 œuf entier, battu
Huile de friture

1 Dans une jatte, mélanger les farines, la noix de coco, le sel, le piment en poudre et un peu de poivre noir. Dans un bol, mélanger le beurre fondu, les oignons nouveaux et la coriandre hachée. Ajouter à la farine. Travailler la préparation au couteau à bout rond pour bien amalgamer les ingrédients. Creuser un puits au centre.
2 Y verser l'œuf battu et jusqu'à 325 ml d'eau tiède (ou un peu moins pour que la pâte soit ferme), puis travailler à la main jusqu'à obtention d'une pâte grossière. Mettre la pâte sur le plan de travail légèrement fariné et la pétrir 2 à 3 minutes pour l'assouplir (voir *Techniques du chef*, page 62). Diviser la pâte en 12 parts. Couvrir d'un torchon humide et laisser reposer 30 minutes à température ambiante.
3 Sur le plan de travail fariné, abaisser chaque part de pâte en disque de 20 cm de diamètre. Chauffer une plaque ou une poêle à fond épais à feu modéré, ajouter un peu d'huile et faire dorer le premier disque en le retournant comme une crêpe pour faire dorer aussi l'autre face. Continuer ainsi pour tous les autres disques en les empilant au fur et à mesure dans une assiette. Couvrir de papier d'aluminium et réserver au chaud. Servir en accompagnement d'un repas chinois ou indien ou fourrer comme les pitas avec du hachis de viande et de la salade.

Conseils du chef Pour les toasts aux amandes, étaler des amandes sur la tôle de cuisson et les faire dorer 1 à 2 minutes à four modéré (180 °C, thermostat 4). Moulues grossièrement, elles remplacent la noix de coco.
Pour des toasts sucrés, remplacer l'oignon nouveau, la coriandre et le piment en poudre par 1/2 cuillerée à café de quatre-épice et 30 g de raisins de Smyrne.

Pain au levain

C'est la fermentation prolongée qui donne à ce pain sa saveur caractéristique. Il est important de préparer le levain deux jours avant la préparation du pain pour laisser aux levures le temps de se développer correctement.

Préparation ***30 minutes + fermentation***
(2 jours à l'avance pour le levain
et 3 heures 30 minutes le jour même)
Cuisson ***55 minutes***
Pour 2 miches de 500 g

LEVAIN
125 g de farine panifiable blanche
1 cuil. à café de levure de boulanger fraîche ou 1/2 cuil. à café de levure déshydratée
250 ml de babeurre ou de bière

PÂTE À PAIN DE BASE
1 cuil. à café de levure de boulanger fraîche ou 1/2 cuil. à café de levure déshydratée
125 g de farine panifiable blanche

2 cuil. à café de levure de boulanger fraîche ou 1 cuil. à café de levure déshydratée
1 cuil. à café de sel fin
2 cuil. à café de sucre en poudre
60 g de beurre, ramolli
650 g de farine panifiable blanche
Œuf battu, pour le glaçage

1 Deux jours avant, préparer le levain : tamiser la farine dans une grande jatte et émietter la levure pardessus. Faire tiédir le babeurre ou la bière et le verser dans la jatte en mélangeant à la cuillère en bois pour obtenir une pâte lisse. Couvrir et laisser fermenter 8 à 12 heures à température ambiante (le levain doit bouillonner).

2 Préparer la pâte à pain de base : incorporer la levure et 250 ml d'eau tiède dans le levain en remuant avec une cuillère en bois jusqu'à dissolution complète de la levure. Ajouter la farine et battre jusqu'à obtention d'une pâte lisse, en raclant les parois de la jatte. Laisser fermenter 8 à 12 heures à température ambiante.

3 Le jour même : mettre la pâte dans une grande jatte (ou dans le bol du robot ménager réglé sur vitesse réduite). Ajouter la dernière quantité de levure, le sel, le sucre, le beurre et le quart de la farine et travailler jusqu'à obtention d'une pâte lisse. Ajouter le reste de la farine en trois fois en travaillant bien la préparation entre chaque apport. Mettre la pâte sur le plan de travail légèrement fariné et la pétrir 10 minutes pour obtenir une boule souple et élastique (voir *Techniques du chef*, page 62).

4 Mettre la pâte dans une jatte propre, légèrement huilée, en la faisant tourner pour graisser toute sa surface. Couvrir d'un torchon humide et laisser fermenter jusqu'à ce que la boule double de volume (le temps de fermentation varie selon la température ambiante).

5 Poser la pâte sur le plan de travail fariné, la diviser en deux et fraiser chaque moitié 5 minutes pour l'assouplir. Façonner deux miches rondes. Poser les miches sur la tôle de cuisson légèrement farinée. Badigeonner la surface d'œuf battu et, avec un couteau très aiguisé, dessiner une étoile à huit branches sur le dessus (voir *Techniques du chef*, page 63). Couvrir d'un torchon humide et laisser fermenter à nouveau jusqu'à ce que les pains doublent de volume. Préchauffer le four à 190 °C (thermostat 5).

6 Mettre les pains à dorer 45 à 50 minutes. Laisser refroidir sur une grille.

Bagels

Typiques de la cuisine juive américaine, ces petits pains sont exquis chauds avec du beurre ou du fromage crémeux, du saumon fumé et des câpres. Pour obtenir la croûte dure et brillante caractéristique, on les fait pocher avant de les passer au four, mais il faut les déguster le jour même.

Préparation ***40 minutes + fermentation (3 heures environ)***
Cuisson ***20 minutes***
Pour 10 bagels

15 g de levure de boulanger fraîche ou 2 cuil. à café de levure déshydratée
125 ml de lait
1 cuil. à café de sucre
450 g de farine panifiable blanche
2 cuil. à café de sel fin
1 œuf, blanc et jaune séparés
40 g de beurre, ramolli
2 cuil. à cuil. à soupe d'oignons déshydratés (facultatif)

1 Préparer la levure avec 100 ml d'eau, le lait et le sucre (voir *Techniques du chef*, page 62) et laisser fermenter.

2 Tamiser la farine et le sel dans une jatte et creuser un puits au centre. Fouetter légèrement le blanc d'œuf et le verser dans le puits avec le beurre et la levure diluée. Mélanger les ingrédients du bout des doigts pour former une pâte souple (ou utiliser le batteur électrique réglé sur vitesse réduite). Poser la pâte sur le plan de travail légèrement fariné et la pétrir 10 minutes pour obtenir une boule souple et élastique (voir *Techniques du chef*, page 62). Au batteur électrique, réglé sur vitesse modérée, pétrir pendant environ 5 minutes.

3 Mettre la pâte dans une jatte propre, légèrement huilée, en la faisant tourner pour graisser toute sa surface. Couvrir d'un torchon humide et laisser fermenter jusqu'à ce que la pâte double de volume (le temps de fermentation varie en fonction de la température ambiante).

4 Poser la pâte sur le plan de travail fariné et la fraiser pendant 2 à 3 minutes pour l'assouplir. Diviser en dix parts et rouler chaque part en boule. Enfoncer le doigt au centre de chaque boule et élargir délicatement le trou pour façonner un anneau. Beurrer deux tôles de cuisson et découper dix carrés de papier sulfurisé de 15 cm de côté. Poser les bagels sur les carrés de papier, sur la tôle de cuisson, en les écartant bien les uns des autres. Couvrir d'un torchon humide et laisser doubler de volume.

5 Préchauffer le four à 200 °C (thermostat 6). Amener une grande casserole d'eau à ébullition, puis baisser le feu pour maintenir l'eau à petits bouillons. À l'écumoire, glisser chaque bagel et son carré de papier dans l'eau frémissante et faire pocher 30 secondes (le papier va se décoller automatiquement). Jeter les papiers. Égoutter les bagels sur un torchon propre et les remettre sur la tôle de cuisson.

6 Mettre les oignons dans un bol, ajouter 2 cuillerées à soupe d'eau frémissante et laisser gonfler quelques minutes (facultatif). Fouetter 1 cuillerée à soupe d'eau froide avec le jaune d'œuf et badigeonner les bagels. Bien égoutter les oignons avant de les répartir sur les bagels. Mettre les pains à dorer 10 à 15 minutes au four. Laisser refroidir sur une grille.

Bretzels

Petit pain traditionnellement servi en apéritif, le bretzel adopte une forme caractéristique de nœud et sa mie est d'une souplesse parfaite. Il est excellent avec un verre de vin blanc frappé ou une chope de bière.

Préparation ***30 minutes + fermentation (3 h 30 minutes environ)***
Cuisson ***25 minutes***
Pour 16 bretzels

25 g de levure de boulanger fraîche ou 3 cuil. 1/2 à café de levure déshydratée
250 ml de lait
600 g de farine panifiable blanche
2 cuil. à soupe de sel fin
3 œufs entiers
30 g de sel gemme ou de gros sel

1 Préparer la levure avec le lait (voir *Techniques du chef,* page 62).

2 Tamiser la farine et 1 cuillerée à café de sel dans une grande jatte et creuser un puits au centre. Ajouter la levure diluée et 2 œufs. Fouetter les œufs à la fourchette pendant quelques secondes. Puis travailler les ingrédients à la main jusqu'à obtention d'une pâte grossière (ou utiliser le batteur électrique réglé sur vitesse réduite). Poser la pâte sur le plan de travail légèrement fariné et la pétrir 10 minutes pour obtenir une boule souple et élastique (voir *Techniques du chef,* page 62). Au batteur électrique, réglé sur vitesse modérée, pétrir pendant environ 5 minutes.

3 Mettre la boule de pâte dans une jatte propre, légèrement huilée, en la faisant tourner pour graisser toute sa surface. Couvrir d'un torchon humide et laisser fermenter jusqu'à ce que la boule double de volume (le temps de fermentation varie en fonction de la température ambiante).

4 Poser la pâte sur le plan de travail fariné et la fraiser délicatement pendant 2 à 3 minutes pour l'assouplir. Diviser en 16 parts et rouler chaque part sur le plan de travail légèrement fariné pour façonner 16 boudins de 35 cm de longueur. Couvrir les boudins d'un torchon humide pour qu'ils ne sèchent pas. Former un nœud lâche de chaque boudin en laissant un grand vide au centre. Beurrer deux tôles de cuisson et découper 16 carrés de papier sulfurisé de 15 cm de côté. Poser les bretzels sur les carrés de papier, sur la tôle de cuisson, en les écartant bien les uns des autres. Couvrir d'un torchon humide et patienter jusqu'à ce que les bretzels aient pratiquement doublé de volume.

5 Préchauffer le four à 200 °C (thermostat 6). Amener à ébullition une grande casserole d'eau additionnée du sel restant, puis baisser le feu pour maintenir l'eau à petits bouillons. À l'écumoire, glisser les bretzels avec leur papier dans l'eau frémissante et laisser pocher 1 minute (le papier va se décoller automatiquement). Procéder en plusieurs fois. Jeter les carrés de papier et égoutter les bretzels sur du papier absorbant avant de les remettre sur les tôles de cuisson.

6 Battre le dernier œuf et en badigeonner les bretzels. Saupoudrer de sel gemme en appuyant légèrement pour faire adhérer les cristaux. Mettre à dorer 10 à 15 minutes au four. Laisser refroidir sur une grille.

Pain irlandais

Ce pain traditionnel d'Irlande utilise du bicarbonate de soude à la place de la levure. En voici une version enrichie de babeurre.

Préparation ***10 minutes***
Cuisson ***40 minutes***
Pour 1 miche de 800 g

500 g de farine panifiable blanche
2 cuil. à café de bicarbonate de soude
2 cuil. à café de crème de tartre
1/2 cuil. à café de sel fin
2 cuil. à café de sucre en poudre
30 g de beurre ou de saindoux, coupé en dés, réfrigéré
250 ml de babeurre (ou de yaourt nature)
1 cuil. à soupe de lait

1 Préchauffer le four à 200 °C (thermostat 6). Tamiser deux fois la farine, le bicarbonate de soude, la crème de tartre, le sel et le sucre dans une grande jatte (cette opération améliore la fermentation en répartissant mieux les agents levants et en aérant la farine).

2 Du bout des doigts, incorporer le beurre jusqu'à obtention d'une pâte grumeleuse. Creuser un puits au centre et verser le babeurre et le lait dans le puits. Bien mélanger les ingrédients du bout des doigts. Si la pâte est trop sèche, ajouter un peu de lait. Mettre la pâte sur le plan de travail légèrement fariné et la pétrir 10 minutes pour obtenir une boule souple et élastique (voir *Techniques du chef*, page 62).

3 Fariner la tôle de cuisson. Façonner une miche ronde légèrement aplatie. Poser la miche sur la tôle et, avec un couteau pointu, dessiner une grosse croix, de 2 cm de profondeur environ (voir *Techniques du chef*, page 63). Mettre à dorer au four 30 à 40 minutes. Laisser refroidir sur une grille.

Petits pains aux herbes

Ces petits pains marient le goût relevé du fromage de chèvre avec les arômes de la ciboulette fraîche, de la marjolaine, de l'origan et du thym.

Préparation ***15 minutes***
Cuisson ***25 minutes***
Pour 12 petits pains

450 g de farine à levure incorporée
3 cuil. à café de sel fin
60 g de beurre, coupé en dés, réfrigéré
2 cuil. à soupe de ciboulette fraîche, hachée
2 cuil. à soupe de marjolaine fraîche, hachée
1 cuil. à soupe d'origan frais, haché
1 cuil. à soupe de feuilles de thym frais
200 g de fromage de chèvre, émietté
2 œufs entiers, battus

1 Préchauffer le four à 180 °C (thermostat 4). Beurrer et fariner une plaque à muffins à 12 creux.

2 Tamiser la farine et le sel dans une grande jatte et incorporer le beurre du bout des doigts jusqu'à obtention d'une pâte grumeleuse. Ajouter les fines herbes, le fromage de chèvre et du poivre noir du moulin.

3 Arroser la préparation de l'œuf battu et donner quelques vigoureux tours de fourchette avant de mouiller avec 300 ml d'eau. Remuer pour bien mélanger le tout sans insister. Verser dans les creux de la plaque à muffins.

4 Mettre à dorer 20 à 25 minutes au four. S'ils sont cuits, les pains doivent rendre un son creux lorsqu'on frappe le dessous. Démouler et laisser refroidir sur une grille.

Conseil du chef On peut parsemer les pains de fromage émietté 15 minutes après le début de la cuisson. Compter 60 g de fromage de chèvre ou, pour donner aux pains une touche de couleur, de mimolette jeune.

Pain irlandais (en haut) et Petits pains aux herbes

Challah

Cette version de la tresse qui symbolise traditionnellement les offrandes au moment du shabbat juif a une mie moelleuse à souhait et une saveur riche et exquise.

Préparation ***20 minutes + fermentation (2 heures 45 minutes environ)***
Cuisson ***40 minutes***
Pour 1 miche de 1,3 kg

30 g de levure de boulanger fraîche ou 1 cuil. à soupe de levure déshydratée
1 cuil. à soupe de sucre en poudre
750 g de farine panifiable blanche
1 cuil. à café de sel fin
90 g de beurre, ramolli
3 œufs entiers, battus
2 jaunes d'œuf battus, pour le glaçage
1 à 2 cuil. à soupe de graines de pavot

1 Préparer la levure avec 90 ml d'eau et 1 cuillerée à café de sucre (voir *Techniques du chef*, page 62) et laisser fermenter.

2 Tamiser la farine et le sel dans une grande jatte et creuser un puits au centre. Ajouter la levure diluée, le reste du sucre, le beurre, les œufs et environ 250 ml d'eau tiède dans le puits. Mélanger les ingrédients à la main, doigts écartés, en ramenant la farine vers le centre jusqu'à obtention d'une pâte souple. Elle doit rester molle et conserver sa forme sans coller (si nécessaire, ajouter un peu d'eau ou de farine). Mettre la pâte sur le plan de travail légèrement fariné et la pétrir 10 minutes pour obtenir une boule souple et élastique (voir *Techniques du chef*, page 62). On peut aussi pétrir la pâte environ 5 minutes au batteur électrique réglé sur vitesse modérée.

3 Mettre la boule de pâte dans une jatte propre, légèrement huilée, en la faisant tourner pour graisser toute sa surface. Couvrir d'un torchon humide et laisser fermenter jusqu'à ce que la boule double de volume (le temps de fermentation varie en fonction de la température ambiante).

4 Poser la pâte sur le plan de travail fariné et la fraiser délicatement pendant 1 minute pour l'assouplir. Couvrir d'un torchon humide et laisser reposer 5 minutes avant de diviser la boule en quatre parts. Rouler chaque part pour façonner quatre boudins de 50 cm de longueur. Réunir et pincer fermement les boudins à une extrémité et les étaler sur le plan de travail, extrémité pincée vers le haut. En commençant à gauche, glisser le premier boudin sous les deux boudins du milieu, puis par-dessus le boudin de droite. Répéter l'opération avec le boudin de droite. Continuer ainsi pour natter les boudins sur toute leur longueur. Sceller les extrémités en soudant la pâte à l'aide d'un peu d'eau.

5 Poser la tresse sur la tôle de cuisson beurrée. Couvrir d'un torchon humide et laisser fermenter jusqu'à ce que le pain double de volume. Préchauffer le four à 220 °C (thermostat 7).

6 Au fouet, incorporer 1 cuillerée à soupe d'eau dans les jaunes d'œuf et badigeonner la tresse de la moitié du mélange. Mettre à dorer 10 minutes au four. Badigeonner à nouveau de jaune d'œuf et parsemer de graines de pavot. Remettre au four 25 à 30 minutes en recouvrant la tresse avec une feuille de papier d'aluminium pour que le dessus ne brûle pas. Si elle est cuite, la tresse doit rendre un son creux lorsqu'on frappe le dessous. Laisser refroidir sur une grille.

Pain à la pomme de terre

Ce pain jaune pâle, à la texture briochée, associe la farine de blé, la farine d'avoine et la pomme de terre. La croûte ambrée est due à un glaçage original au yaourt.

Préparation ***25 minutes + fermentation (2 heures 30 minutes environ)***
Cuisson ***1 heure***
Pour 2 miches de 650 g

250 g environ de pommes de terre, coupées en dés
30 g de levure de boulanger fraîche ou 1 cuil. à soupe de levure déshydratée
1 cuil. à soupe de sucre en poudre
40 g de beurre, fondu
1 cuil. à café de sel
650 g de farine panifiable blanche
150 g de farine d'avoine complète
315 ml de lait, tiède
2 cuil. à soupe de yaourt nature, pour le glaçage

1 Mettre les dés de pomme de terre dans une casserole, couvrir d'eau et amener à ébullition. Baisser le feu et laisser frémir 15 minutes. Égoutter en réservant 125 ml de liquide de cuisson. Réduire les pommes de terre en purée.

2 Préparer la levure avec l'eau de cuisson des pommes de terre et 1 pincée de sucre (voir *Techniques du chef*, page 62).

3 Mettre la levure diluée dans une grande jatte (ou dans le bol du robot). Ajouter le reste du sucre, la purée de pomme de terre, le beurre et le sel et malaxer rapidement. Ajouter les farines et le lait et continuer à malaxer pour obtenir une pâte souple (elle sera peut être un peu collante, mais l'avoine absorbera l'humidité en trop par la suite). Mettre la pâte sur le plan de travail fariné et la pétrir 2 à 3 minutes pour obtenir une boule élastique (voir *Techniques du chef*, page 62).

4 Mettre la boule de pâte dans une jatte propre, légèrement huilée, en la faisant tourner pour graisser toute sa surface. Couvrir d'un torchon humide et laisser fermenter jusqu'à ce que la boule double de volume (le temps de fermentation varie en fonction de la température ambiante).

5 Poser la pâte sur le plan de travail fariné, la diviser en deux et fraiser délicatement chaque moitié pendant 2 à 3 minutes pour l'assouplir. Façonner deux miches rondes et les mettre dans des moules de 20 cm de diamètre beurrés et farinés. Couvrir d'un torchon humide et laisser fermenter jusqu'à ce que le pain double de volume. Préchauffer le four à 200 °C (thermostat 6).

6 Faire dorer les pains 25 à 30 minutes au four. Baisser la température à 180 °C (thermostat 4). Démouler et badigeonner le dessus de yaourt. Remettre les pains 10 à 15 minutes au four sur une tôle. Laisser refroidir sur une grille.

Pain à la bière

Ce pain de campagne original est rapide à préparer. Sa saveur accompagnera parfaitement un bon jambon à l'os et la charcuterie.

Préparation ***15 minutes***
Cuisson ***40 minutes***
Pour 1 miche de 1 kg

250 g de farine de blé ordinaire
2 540 g de farine de blé complet moulue à la meule de pierre
1 cuil. 1/2 de bicarbonate de soude
1 cuil. 1/2 de sel fin
1 cuil. à soupe de miel liquide
375 ml de bière maltée ambrée

1 Préchauffer le four à 190 °C (thermostat 5). Tamiser les farines, le bicarbonate de soude et le sel dans une grande jatte. Incorporer le miel et la bière en travaillant jusqu'à obtention d'une pâte lourde et collante.
2 Beurrer et fariner un moule à cake de 1 kg en secouant pour éliminer l'excédent de farine. Verser la pâte dans le moule et lisser la surface avec le dos d'une cuillère mouillée.
3 Mettre à dorer 35 à 40 minutes : la pointe du couteau enfoncée au cœur du pain doit ressortir propre. Démouler et laisser refroidir sur une grille.

Conseil du chef Avec le miel, on peut également incorporer 60 g d'échalotes émincées frites.

Pain aux lardons

Tout aussi rapide à préparer, ce pain offre une combinaison de petits lardons et d'oignons. À déguster nature ou avec du beurre.

Préparation ***20 minutes***
Cuisson ***50 minutes***
Pour 1 miche de 1 kg

375 g de farine à levure incorporée
1 cuil. à café de poivre noir du moulin
180 g de beurre, coupé en dés, réfrigéré
150 g de poitrine maigre, sans la couenne, coupée en dés
90 g d'échalotes, émincées
4 œufs entiers, battus
2 cuil. à soupe de lait

1 Préchauffer le four à 180 °C (thermostat 4). Tamiser la farine, le poivre et une bonne pincée de sel dans une grande jatte. Incorporer le beurre du bout des doigts en travaillant jusqu'à obtention d'une pâte grumeleuse. Creuser un puits au centre.
2 Mettre les lardons dans la poêle froide et laisser suer à feu doux pour faire fondre la graisse. Augmenter le feu et laisser frire jusqu'à ce qu'ils soient croustillants. Retirer les lardons à l'écumoire et faire dorer les échalotes dans la graisse de cuisson. Incorporer les lardons, les échalotes, le lait, les sucs de cuisson et les œufs battus dans la farine. Bien mélanger pour obtenir une pâte ferme. Beurrer et chemiser de papier sulfurisé un moule à cake de 1 kg. Verser la pâte dedans et lisser le dessus avec le dos d'une cuillère mouillée.
3 Mettre à dorer 45 à 50 minutes au four : la pointe d'un couteau enfoncée au cœur du pain doit ressortir propre. Laisser reposer le pain 5 minutes environ avant de démouler. Laisser refroidir sur une grille.

Pain à la bière (à gauche) et Pain aux lardons

Fougasse

La fougasse provençale se déguste au réveillon de Noël et fait partie des treize desserts traditionnels représentant le Christ et ses apôtres. Mais chaque région de France possède sa propre version de ce pain très ancien.

Préparation ***40 minutes + fermentation (4 heures environ)***
Cuisson ***10 minutes***
Pour 6 fougasses de 200 g

15 g de levure de boulanger fraîche ou 2 cuil. à café de levure déshydratée
680 g de farine panifiable blanche
1 cuil. à café 1/2 de sel fin
125 g de sucre
3 œufs entiers, battus
Zeste râpé et jus d'une grosse orange
2 cuil. à soupe de cognac
90 g de beurre, ramolli
90 g de fruits confits, hachés
30 g de beurre, fondu
2 cuil. à soupe d'eau de fleur d'oranger

1 Préparer la levure avec 90 ml d'eau (voir *Techniques du chef*, page 62).

2 Tamiser la farine et le sel dans une grande jatte avec le sel et le sucre. Creuser un puits au centre. Y verser la levure diluée, malaxer et laisser reposer (voir *Techniques du chef*, page 63). Dans un bol, mélanger les œufs, le zeste râpé et le jus d'orange et le cognac. Verser dans la jatte. Travailler jusqu'à obtention d'une pâte souple. Bien incorporer le beurre. Mettre la pâte sur le plan de travail légèrement fariné et la pétrir 10 minutes pour obtenir une boule souple et élastique (voir *Techniques du chef*, page 62). On peut utiliser le batteur réglé sur vitesse modérée et pétrir pendant environ 5 minutes.

3 Mettre la boule de pâte dans une jatte propre, légèrement huilée, en la faisant tourner pour graisser toute sa surface. Couvrir d'un torchon humide et laisser fermenter jusqu'à ce que la boule double de volume (le temps de fermentation varie en fonction de la température ambiante).

4 Poser la pâte sur le plan de travail fariné et la pétrir 5 minutes en incorporant les fruits confits (la pâte doit être souple et les zestes régulièrement répartis). Diviser la pâte en six parts égales et, sur le plan de travail légèrement fariné, abaisser chaque part en ovale de 15 cm x 20 cm et de 1 cm d'épaisseur. Avec un couteau très aiguisé, inciser plusieurs fois la fougasse en forme d'éventail. Poser les fougasses sur deux tôles de cuisson beurrées en les séparant bien l'une de l'autre. Couvrir d'un torchon humide et laisser fermenter à nouveau jusqu'à ce que le pain double de volume. Préchauffer le four à 200 °C (thermostat 6).

5 Badigeonner les fougasses de la moitié du beurre fondu et mettre à dorer 7 à 10 minutes au four. À la sortie du four, badigeonner du beurre restant et d'eau de fleur d'oranger. Laisser refroidir sur une grille.

Pain à la banane

Irrésistible avec sa mie jaune d'or et moelleuse, ce pain aux arômes exotiques est rapide à préparer. Parfait pour le goûter ou les pique-niques, il mérite d'être dégusté avec un beurre fermier.

Préparation ***20 minutes***
Cuisson ***45 minutes***
Pour 2 pains de 500 g

250 g de farine de blé ordinaire
2 cuil. à café de levure chimique
250 g de bananes très mûres
250 g de sucre roux en poudre
1/4 de cuil. à café de noix muscade fraîchement râpée
3 œufs entiers
3 cuil. à soupe d'huile végétale
70 ml de lait
2 cuil. à soupe de confiture d'abricots
Sucre glace, pour décorer

1 Préchauffer le four à 160 °C (thermostat 2 à 3).

2 Tamiser la farine, le levure chimique et 1 pincée de sel dans une grande jatte. Dans une autre jatte, écraser à la fourchette les bananes avec le sucre roux et la noix muscade râpée.

3 À l'aide d'une cuillère en bois, incorporer les œufs un par un dans la purée de bananes. Incorporer délicatement ce mélange dans la farine. Ajouter l'huile végétale et le lait et incorporer rapidement.

4 Beurrer et chemiser de papier sulfurisé deux moules à cake de 500 g. Verser la pâte dans les moules jusqu'au deux-tiers de la hauteur et faire cuire au four 35 à 40 minutes (si nécessaire, recouvrir les pains de papier d'aluminium en cours de cuisson pour éviter de brûler le dessus). Au bout de 15 minutes, lorsque le dessus a pris, pratiquer une entaille de 1 cm de profondeur dans les pains avec un couteau à lame dentée (cette opération permet d'obtenir une croûte régulièrement dorée).

5 Sortir les pains du four lorsqu'ils sont dorés et que la pointe d'une pique plongée au cœur ressort propre. Laisser tiédir 5 minutes dans le moule et démouler sur une grille.

6 Chauffer la confiture d'abricots dans une petite casserole. Dès le premier bouillon, filtrer la confiture dans un bol et badigeonner aussitôt les pains tiédis. Saupoudrer de sucre glace juste avant de servir.

Conseil du chef Pour confectionner un délicieux pain à la pomme ou à l'abricot, remplacer la purée de bananes par la même quantité de compote d'abricots ou de pommes.

Pain d'épices

Ce pain d'épices original parfumé à l'orange ravira les amateurs de saveurs relevées. Dégustez-le au goûter avec du beurre doux et une bonne tasse de thé.

Préparation ***15 minutes***
Cuisson ***1 heure 5 minutes***
Pour 1 pain de 650 g

100 g de beurre
100 g de sucre
100 ml de miel
250 g de farine de blé
60 g de farine de seigle
2 cuil. à café de levure chimique
1 cuil. à café de cannelle en poudre
1 cuil. à café d'anis moulu
1/2 cuil. à café de gingembre moulu
Zeste râpé d'une orange

1 Préchauffer le four à 160 °C (thermostat 2 à 3).
2 Mettre le beurre, le sucre, le miel et 125 ml d'eau dans une petite casserole à feu doux et remuer avec une cuillère en bois jusqu'à ce que le beurre soit fondu et que le sucre parfaitement dissous. Retirer du feu et laisser tiédir.
3 Pendant ce temps, tamiser les farines, la levure chimique, les épices et 1 pincée de sel dans une grande jatte et creuser un puits au centre. Verser la préparation à base de beurre dans le puits avec le zeste d'orange râpé et malaxer soigneusement.
4 Beurrer et chemiser de papier sulfurisé un moule à cake de 500 g. Verser la pâte dans le moule et mettre à dorer 1 heure au four (la pointe d'une pique à brochette enfoncée au cœur du cake doit ressortir propre). Démouler et laisser refroidir sur une grille. Pour servir, découper le pain en tranches et présenter du beurre à part.

Conseil du chef Pour préparer un pain aux dattes, ajouter 90 g de dattes dénoyautées, séchées et finement hachées, avec les farines et continuer comme indiqué ci-dessus.

Pain au safran

Ce pain traditionnel des fêtes grecques comporte du miel, des raisins secs, des zestes d'orange et de citron ainsi que le safran, responsable de sa couleur dorée et de sa saveur exotique. Il est merveilleux grillé au petit-déjeuner.

Préparation ***25 minutes + fermentation (2 heures 30 environ) + 30 minutes de macération (safran)***
Cuisson ***35 minutes***

Pour 2 pains de 600 g
1 à 2 bonnes pincées de filaments de safran
30 g de levure de boulanger fraîche ou 1 cuil. à soupe de levure déshydratée
2 cuil. à café de miel liquide, au thym de préférence
750 de farine panifiable blanche
1/2 cuil. à café de sel fin
Zeste râpé d'une 1/2 orange
Zeste râpé d'un 1/2 citron
15 g de lait en poudre
15 g de beurre, ramolli
100 g de raisins secs
Jaune d'œuf battu, pour dorer

1 Mettre le safran dans un bol avec 2 cuillerées à soupe d'eau bouillante et laisser infuser 20 à 30 minutes. Préparer la levure avec 410 ml d'eau (voir *Techniques du chef*, page 62), puis ajouter le miel.
2 Tamiser la farine et le sel dans une grande jatte. Incorporer les zestes râpés et le lait en poudre. Creuser un puits et verser la levure diluée, le beurre et le safran avec son jus dans le puits. Doigts écartés, mélanger les ingrédients à la main en ramenant la farine vers le centre jusqu'à obtention d'une pâte souple. Mettre la pâte sur le plan de travail légèrement fariné et la pétrir 10 minutes en incorporant progressivement les raisins secs pour obtenir une boule souple et élastique (voir *Techniques du chef*, page 62).
3 Mettre la boule de pâte dans une jatte propre, légèrement huilée, en la faisant tourner pour graisser toute sa surface. Couvrir d'un torchon humide et laisser fermenter jusqu'à ce que la boule double de volume (le temps de fermentation varie en fonction de la température ambiante).
4 Poser la pâte sur le plan de travail fariné et abaisser en deux rectangles de 20 cm x 25 cm. Vaporiser d'eau puis rouler les rectangles en serrant de manière à former deux boudins (voir *Techniques du chef*, page 63). Poser les pains sur deux tôles de cuisson beurrées et farinées, soudure dessous. Avec un couteau très aiguisé, dessiner cinq entailles en diagonale sur les pains (voir *Techniques du chef*, page 63). Couvrir d'un torchon humide et laisser fermenter jusqu'à ce que le pain double de volume. Préchauffer le four à 210 °C (thermostat 6 à 7).
5 Battre le jaune d'œuf avec 1 pincée de sucre et de sel et en badigeonner les pains. Mettre à dorer 30 à 35 minutes au four (les pains doivent rendre un son creux lorsqu'on frappe le dessous). Laisser refroidir sur une grille.

Stollen

En Allemagne, ce pain de Noël se prépare plusieurs semaines à l'avance pour parfaire sa saveur d'arômes épicés. Pour obtenir la succulente croûte qui le caractérise, il faut la badigeonner de beurre au cours de la cuisson.

Préparation ***1 heure + fermentation***
(4 heures environ) + 1 nuit de macération
Cuisson ***50 minutes***
Pour 2 pains (de 16 tranches chacun)

1 cuil. à café d'épices moulues
150 g de fruits confits, hachés
50 g de cerises confites, coupées en quatre
60 g d'amandes effilées
2 cuil. à soupe de rhum
Zeste râpé de 2 petits citrons
150 g de raisins secs
90 ml de lait
30 g de levure de boulanger fraîche
ou 1 cuil. à soupe de levure déshydratée
375 g de farine de blé
50 g de sucre en poudre
180 g de beurre, en parcelles, sortant du réfrigérateur
1 œuf entier, battu
1 œuf entier et un jaune battus, pour le glaçage
30 g de beurre, fondu
Sucre glace, pour décorer

1 Mélanger les épices, les fruits confits, les cerises, les amandes, le rhum, le zeste de citron et les raisins secs. Couvrir et laisser macérer toute la nuit.

2 Mettre le lait dans une petite casserole et faire tiédir à feu doux, puis verser dans une jatte. Diluer la levure dans le lait. Tamiser 125 g de farine et 1 cuillerée à café 1/2 de sucre dans une jatte et creuser un puits au centre. Ajouter la levure diluée et malaxer jusqu'à obtention d'une pâte lisse. Couvrir d'un film alimentaire et laisser fermenter à température ambiante jusqu'à ce que la boule double de volume.

3 Mélanger le beurre et le reste de la farine en travaillant du bout des doigts jusqu'à obtention d'une pâte grumeleuse. Incorporer le reste du sucre et 1/2 cuillerée à café de sel. Bien incorporer l'œuf battu.

4 Incorporer la pâte levée à la préparation précédente et malaxer jusqu'à obtention d'une pâte lisse. Incorporer les ingrédients macérés. Poser la pâte sur le plan de travail fariné et la pétrir 5 minutes pour former une boule souple et élastique (voir *Techniques du chef*, page 62).

5 Mettre la boule de pâte dans une jatte légèrement farinée. Couvrir d'un torchon humide et laisser doubler de volume à température ambiante.

6 Mettre la pâte sur le plan de travail légèrement fariné et la diviser en deux parts égales. Fraiser délicatement chaque moitié pendant 2 à 3 minutes pour l'assouplir. Abaisser les moitiés en rectangles de 22 cm x 25 cm, puis enrouler chaque rectangle. Poser les pains sur deux tôles de cuisson beurrées. Couvrir d'un torchon humide et laisser fermenter à nouveau jusqu'à ce que les pains doublent de volume. Préchauffer le four à 180 °C (thermostat 4).

7 Badigeonner les pains de l'œuf et mettre à dorer 35 à 45 minutes au four. Sortir du four et badigeonner généreusement les stollen tout chaud de beurre fondu, puis saupoudrer à volonté de sucre glace. Laisser refroidir sur une grille.

Conseils du chef Pour réaliser un stollen au massepain, façonner un rouleau (22 cm de long) à base de 125 g de pâte d'amandes et enrouler la pâte autour.
La saveur du stollen est encore meilleure s'il est préparé quelques semaines à l'avance. Enveloppez-le fermement dans du papier d'aluminium avant de le mettre dans une boîte hermétique que vous gardez dans un endroit frais. Pour en faire un joli cadeau de Noël, enveloppez le stollen dans du papier transparent avec un beau ruban.

Hot cross buns

En Angleterre, on vendait dans les rues ces petits pains « à la croix » pour fêter Pâques. Tout chauds avec une belle noix de beurre, ils sont si bons qu'on les confectionne volontiers toute l'année.

Préparation ***25 minutes + fermentation (2 heures 30 minutes environ ou toute la nuit)***
Cuisson ***20 minutes***
Pour 16 petits pains

30 g de levure de boulanger fraîche ou 1 cuil. à soupe de levure déshydratée
180 ml de lait
500 g de farine panifiable blanche
2 cuil. à café de quatre-épices
60 g de sucre en poudre
2 cuil. à café de sel fin
2 œufs entiers, battus
120 g de beurre, ramolli
120 g de raisins de Smyrne

DÉCORATION ET GLAÇAGE
4 cuil. à soupe de farine de blé
6 cuil. à soupe de sucre en poudre
4 cuil. à soupe de lait
1/2 cuil. à café de quatre-épices

1 Préparer la levure avec le lait (voir *Techniques du chef,* page 62).

2 Tamiser la farine, les épices, le sucre et le sel dans une grande jatte et creuser un puits au centre. Verser la levure diluée et les œufs dans le puits, et mélanger les ingrédients du bout des doigts pour former une pâte souple (ou utiliser le batteur électrique réglé sur vitesse réduite). Poser la pâte sur le plan de travail légèrement fariné et la pétrir 10 minutes pour obtenir une pâte souple et élastique (voir *Techniques du chef,* page 62). Incorporer le beurre en travaillant jusqu'à obtention d'une pâte homogène.

3 Mettre la boule de pâte dans une jatte propre, légèrement huilée, en la faisant tourner pour graisser toute sa surface. Couvrir d'un torchon humide et laisser fermenter jusqu'à ce que la boule double de volume (le temps de fermentation varie en fonction de la température ambiante).

4 Poser la pâte sur le plan de travail fariné et la fraiser en incorporant les raisins de Smyrne. Diviser en 16 parts égales et rouler chaque part dans la paume de la main de manière à obtenir 16 petites boules. Disposer les buns sur des tôles de cuisson beurrées en les espaçant bien. Couvrir d'un torchon humide et laisser fermenter jusqu'à ce que les buns doublent de volume (ils finiront par se toucher). Préchauffer le four à 200 °C (thermostat 6).

5 Pour le glaçage, bien mélanger la farine, 4 cuillerées à soupe de sucre et 2 à 3 cuillerées à soupe d'eau. Mettre la préparation dans une poche à douille ordinaire et dessiner une croix sur chaque bun.

6 Mettre les buns à dorer 10 à 15 minutes au four (ils doivent rendre un son creux quand on frappe le dessous). Pendant ce temps, chauffer le lait, le reste du sucre et des épices dans une petite casserole jusqu'à dissolution complète du sucre. À la sortie du four, badigeonner les buns tout chaud de ce mélange. Laisser refroidir sur une grille. Badigeonner à nouveau du glaçage. Servir tels quels ou coupés en deux et grillés pour les déguster avec du beurre fermier.

Panettone

Ces panettone s'inspirent de la recette milanaise traditionnelle de Noël ; il suffit de les envelopper dans du papier transparent pour en faire d'appétissants cadeaux. Pour un résultat sûr, sélectionnez des fruits confits de haute qualité.

Préparation ***25 minutes + fermentation (4 heures environ ou toute une nuit) + 1 heure ou 1 nuit de macération***
Cuisson ***45 minutes***

Pour 6 panettone de 150 g
60 g de raisins de Smyrne
60 g de fruits confits, hachés fin
130 ml de Cointreau
1 cuil. à soupe d'eau de fleur d'oranger
30 g de levure de boulanger fraîche ou 1 cuil. à soupe de levure déshydratée
90 g de sucre
500 g de farine panifiable blanche
1 cuil. à café d'épices assorties
1 cuil. à café de sel fin
150 ml de lait, tiède
120 g de beurre, ramolli
2 œufs entiers, battus
60 g de noix de macadamia, hachées

1 Beurrer six moules de 10 cm de hauteur et de 7 cm de diamètre environ (on peut utiliser des boîtes de conserve soigneusement nettoyées). Chemiser le fond et les parois avec du papier sulfurisé en laissant dépasser 4 cm de papier en haut pour former un col de 4 cm de hauteur. Beurrer le papier pour assouplir les bords.

2 Mettre les raisins secs, les fruits confits, le Cointreau et l'eau de fleur d'oranger dans un bol et laisser macérer au moins 1 heure, de préférence toute la nuit.

3 Préparer la levure avec 2 cuillerées à soupe d'eau tiède et 1 pincée de sucre (voir *Techniques du chef*, page 62).

4 Tamiser la farine, les épices, le sel et tout le sucre sauf 2 cuillerées à soupe dans une grande jatte et creuser un puits au centre. Égoutter les fruits confits (réserver le jus de macération) et les mettre dans le puits. Ajouter le lait tiède, le beurre, les œufs, les noix de macadamia et la levure diluée. Du bout des doigts, malaxer les ingrédients jusqu'à obtention d'une pâte souple (ou utiliser le batteur électrique réglé sur vitesse réduite). Mettre la pâte sur le plan de travail légèrement fariné et la pétrir 10 minutes pour obtenir une boule souple et élastique (voir *Techniques du chef*, page 62).

5 Mettre la boule de pâte dans une jatte propre, légèrement huilée, en la faisant tourner pour graisser toute sa surface. Couvrir d'un torchon humide et laisser fermenter jusqu'à ce que la boule double de volume (le temps de fermentation varie en fonction de la température ambiante).

6 Poser la pâte sur le plan de travail fariné et la fraiser délicatement pendant 2 à 3 minutes pour l'assouplir. Diviser la pâte en six parts égales et rouler chaque part sur le plan de travail fariné pour obtenir six boudins réguliers. Enfoncer complètement dans la pâte les morceaux de fruits qui dépassent pour éviter qu'ils ne brûlent. Glisser les boudins dans les moules, couvrir d'un torchon humide et laisser fermenter jusqu'à ce que la pâte atteigne le bord des moules. Préchauffer le four à 180 °C (thermostat 4).

7 Faire cuire les panettone au four 30 à 40 minutes jusqu'à ce qu'ils soient dorés. Pour que le dessus ne brûle pas, les couvrir avec du papier d'aluminium au bout de 15 minutes de cuisson.

8 Pendant ce temps, préparer le glaçage : allonger le jus de macération des fruits avec de l'eau pour obtenir 60 ml de liquide. Chauffer dans une petite casserole avec les 2 cuillerées à soupe de sucre réservées jusqu'à dissolution complète du sucre. Badigeonner les pains de ce sirop à la sortie du four. Démouler et laisser refroidir sur une grille. Dans un récipient hermétiquement fermé, les panettone se conservent un mois.

Techniques du chef

Levure

La température du liquide (eau/lait) est un facteur essentiel : 37 °C est la température idéale.

Levure déshydratée : verser le liquide dans un bol. Saupoudrer de levure et éventuellement de sucre. Laisser se dissoudre 5 minutes, puis remuer à la cuillère en bois.

Levure fraîche : l'émietter dans un bol. Ajouter le liquide (et le sucre si mentionné). Mélanger à la cuillère et incorporer 1 pincée de farine. Laisser fermenter jusqu'à l'apparition de bulles (compter environ 10 min).

Levure de boulanger rapide : tamiser la levure dans une jatte avec tous les ingrédients secs. C'est l'adjonction de liquide qui déclenchera la fermentation.

Pétrissage

Étape essentielle, il aide à répartir la levure tout en permettant au gluten de se développer.

Mettre la pâte sur le plan de travail légèrement fariné et commencer à pétrir des deux mains.

Fraiser la pâte en l'aplatissant avant de la replier vers soi. Répéter plusieurs fois ce fraisage.

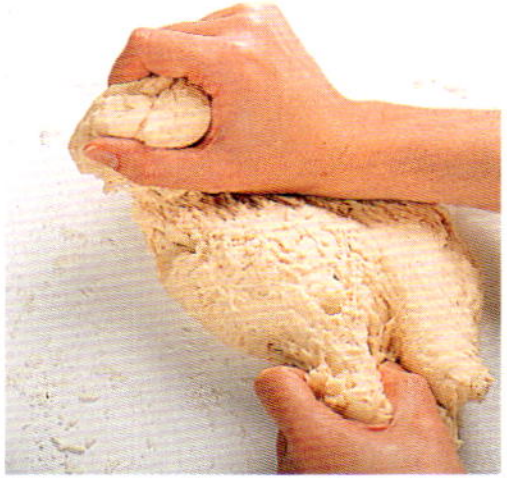

Lorsque la pâte se fait plus élastique, pousser la pâte loin de soi d'une main tout en tirant l'autre moitié vers soi de l'autre main. Continuer en faisant tourner la pâte et en reprenant chaque fois les extrémités.

Le pétrissage est terminé lorsque la pâte est souple et élastique. Vérifier en exerçant une pression du doigt sur la boule : la pâte doit reprendre immédiatement sa forme.

Fermentation semi-directe

Il s'agit de faire lever la pâte en plusieurs fois de manière à obtenir une mie plus aérée.

Tamiser la farine dans une grande jatte ; ajouter le sel et le sucre (si la recette l'indique) et creuser un puits au centre. Verser la levure diluée dans le puits.

À la cuillère en bois, mélanger un peu de farine prise au bord du puits avec la levure jusqu'à obtention d'une pâte molle. Couvrir d'un torchon propre et humide et laisser fermenter une trentaine de minutes.

Ajouter les éventuels ingrédients restants dans le puits, et bien mélanger avec le reste de la farine jusqu'à l'obtention d'une pâte souple.

Façonnage

Abaisser la pâte à plat avant le façonnage améliore la texture de la mie et le pain gonfle mieux.

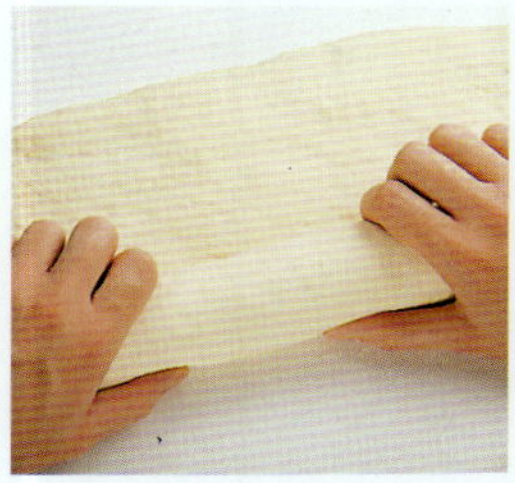

Abaisser la pâte en un grand rectangle avant de la rouler en serrant bien pour former un cylindre (boudin). Afin de sceller, il faut exercer une certaine pression.

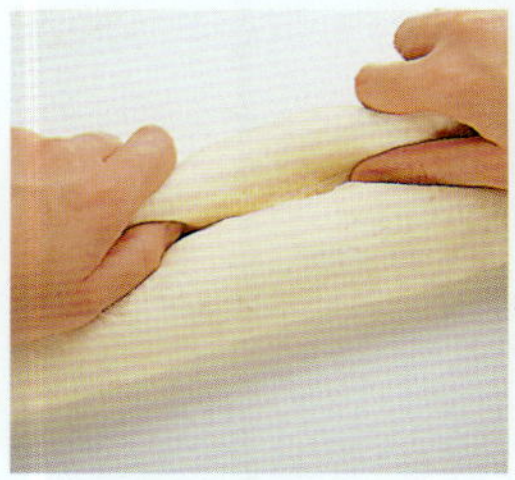

Avec les pouces, rentrer le bord de la pâte de manière à sceller parfaitement le boudin.

Avant de poser la pâte sur la tôle de cuisson ou dans un moule, rentrer légèrement les extrémités afin de soigner les finitions et la forme du pain.

Incisions et crans

Le fait de pratiquer des incisions dans la pâte permet d'éviter que le pain ne se fende en cours de cuisson tout en fournissant une croûte plus étendue.

Avec un couteau très aiguisé (couteau d'office), dessiner des entailles en diagonale dans la croûte avant la cuisson (mais après la fermentation).

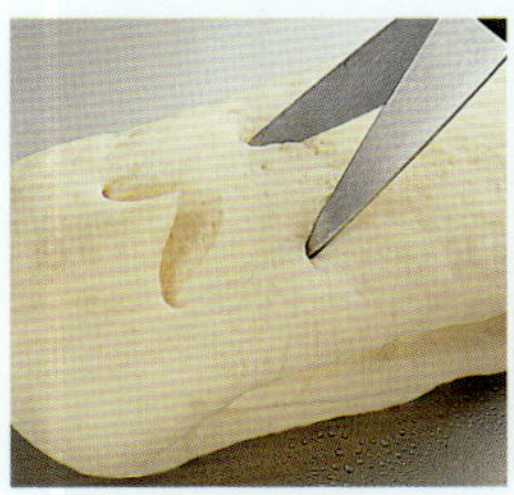

Avec une paire de ciseaux pointus, cranter la surface du pain juste avant de le passer au four. Cette solution dessine des chevrons sur la croûte.

L'éditeur et *Le Cordon Bleu* remercient les quarante-deux chefs des écoles *Le Cordon Bleu* dont le talent a permis la réalisation de cet ouvrage, notamment : Chef Terrien, Chef Boucheret, Chef Deguignet, Chef Duchêne (MOF), Chef Guillut, Chef Pinaud, Chef Cros, Paris ; Chef Males, Chef Walsh, Chef Power, Chef Carr, Chef Paton, Chef Poole-Gleed, Chef Wavrin, Chef Thivet, Londres ; Chef Chantefort, Chef Jambert, Chef Hamasaki, Chef Honda, Chef Paucod, Chef Okuda, Chef Lederf, Chef Peugeot, Chef Mori, Tokyo ; Chef Salambien, Chef Boutin, Chef Harris, Sydney ; Chef Lawes, Adélaïde ; Chef Guiet, Chef Denis, Chef Petibon, Chef Poncet, Ottawa ; Chef Martin, Mexique ; Chef Camargo, Brésil.
Ils remercient également Helen Barnard, Alison Oakervee et Deepika Sukhwani qui ont assuré la coordination de toute l'équipe du *Cordon Bleu* dans cette collection sous la présidence d'André Cointreau.

Titre original : *Le Cordon Bleu Home Collection Bread*.

FIOREDITIONS

ISBN 978 88 7525 090 4

Imprimé en Chine

NOTE : Les doses indiquées en cuillère à soupe correspondent à une contenance de 20 ml. Si la cuillère à soupe a une contenance de 15 ml, la différence restera minime dans la plupart des recettes. Pour celles qui exigent de la levure chimique, gélatine, bicarbonate de soude et farine, ajouter une cuillère à café supplémentaire pour chaque cuillère à soupe mentionnée.

IMPORTANT : Les effets causés par la salmonelle peuvent être dangereux, surtout pour les personnes âgées, les femmes enceintes, les enfants en bas âge et les personnes souffrant de déficience du système immunitaire. Il est conseillé de demander l'avis d'un médecin à propos de la consommation d'œufs crus.